Malte Landwehr

Graphzentralität in Autor-Zitate Netzwerken

Graphzentralitäten als Alternativen zu h-Index und PageRank bei der Bewertung von Wissenschaftlern

GRIN Verlag

Bibliografische Information der Deutschen Nationalbibliothek:

Die Deutsche Bibliothek verzeichnet diese Publikation in der Deutschen National-
bibliografie; detaillierte bibliografische Daten sind im Internet über http://dnb.d-
nb.de/ abrufbar.

Impressum:

Copyright © 2011 GRIN Verlag GmbH
Druck und Bindung: Books on Demand GmbH, Norderstedt Germany
ISBN: 978-3-656-00775-3

Dieses Buch bei GRIN:

http://www.grin.com/de/e-book/178620/graphzentralitaet-in-autor-zitate-netzwer-
ken

GRIN - Your knowledge has value

Der GRIN Verlag publiziert seit 1998 wissenschaftliche Arbeiten von Studenten, Hochschullehrern und anderen Akademikern als eBook und gedrucktes Buch. Die Verlagswebsite www.grin.com ist die ideale Plattform zur Veröffentlichung von Hausarbeiten, Abschlussarbeiten, wissenschaftlichen Aufsätzen, Dissertationen und Fachbüchern.

Besuchen Sie uns im Internet:

http://www.grin.com/

http://www.facebook.com/grincom

http://www.twitter.com/grin_com

WESTFÄLISCHE
WILHELMS-UNIVERSITÄT
MÜNSTER

GRAPHZENTRALITÄT IN AUTOR-ZITATE NETZWERKEN

BACHELORARBEIT
zur Erlangung des akademischen Grades
BACHELOR OF SCIENCE

Westfälische Wilhelms-Universität Münster
Fachbereich Mathematik und Informatik
Institut für Informatik

Eingereicht von:

Malte Landwehr

Überarbeitete Version: Münster, September 2011
Original: Münster, Juli 2011

Zusammenfassung

Diese Arbeit beschäftigt sich mit der Frage, ob und wie Autoren wissenschaftlicher Texte mit Hilfe von Graphzentralitäten auf einem Autor-Zitate Netzwerk bewertet werden können. Dabei liegt der Fokus auf dem Vergleich verschiedener Zentralitäten untereinander, sowie zu anderen auf diesem Gebiet durchgeführten Untersuchungen.

Inhaltsverzeichnis

1. Einführung

Bewertungssysteme von Wissenschaftlern auf Basis der Zitierungen ihrer Werke, wie der *h-Index* oder der *Journal Impact Factor*, sind weit verbreitet. In dieser Arbeit zeigen wir grundlegende Probleme beim Zählen von Zitierungen auf und versuchen mit Hilfe bekannter Graphzentralitäten bessere Ansätze für die Identifikation wichtiger wissenschaftlicher Veröffentlichungen (engl. *Research Paper*), und darüber auch für die Bewertung ihrer Autoren, zu finden.

Für alle in dieser Arbeit getroffenen Aussagen verwenden wir zwei Beispieldatensätze. Zum einen Arbeiten des *Symposium on Graph Drawing (GD)* und zum anderen vom *Symposium on Theory of Computing (STOC)* gemeinsam mit dem *Symposium on Discrete Algorithms (SODA)*. Dabei dienen die Internetportale http://www.springerlink.de/ und http://portal.acm.org/ als Datenquellen. Wir gehen hierbei auch darauf ein, wie wir die Daten gewinnen und welche Probleme, teilweise bedingt durch die Struktur der verwendeten Portale, dabei gelöst werden müssen.

Wir zeigen dass der *h-Index* viele Schwächen hat und geben hierfür konkrete Beispiele an.

Wir wenden verschiedene Graphzentralitäten auf die beiden Datensätze an und ziehen Vergleiche zum *h-Index* und zum PageRank. Dabei zeigt sich, dass alle verwendeten Zentralitäten Schwachstellen aufweisen. Zwar sind einige Zentralitäten in der Lage alternative Werte für gewisse Über- und Unterbewertungen von Autoren durch *h-Index* und PageRank zu liefern, jedoch sind sie nicht als alleinige Bewertungsmaßstäbe geeignet.

Abschließend formulieren wir Ansätze, die Grundlage zukünftiger Forschung auf diesem Gebiet sein können.

2. Grundlagen

2.1. Graphen

In diesem Kapitel werden wir einige Begriffe einführen, die für das Verständnis der weiteren Arbeit erforderlich sind.

Ein **Graph** G ist definiert als $G = (V, E)$, wobei V die Menge der **Knoten** (engl. nodes, vertices) und E die Menge der **Kanten** (engl. edges) ist. Dabei unterscheidet man zwischen **gerichteten** ($E \subseteq \{(v,t)|v,t \in V\}$) und **ungerichteten** ($E \subseteq \{\{v,t\}|v,t \in V\}$) Graphen. Ferner sei $n = |V|$ und $m = |E|$.

An dieser Stelle möchten wir bereits einige Einschränkungen an die von uns untersuchten Graphen stellen: Sie sind **schleifenfrei** (d.h., es existieren keine Kanten $(x_i, x_j) \in E$ mit $x_i = x_j$), **endlich** (d.h., $n < \infty$) und **einfach** (d.h., V und E sind Mengen, keine Multimengen) sind.

Wenn nicht anders angegeben ist mit einem Graphen im Folgenden immer ein gerichteter Graph mit den erwähnten Eigenschaften gemeint, auch wenn viele Aussagen auch auf ungerichtete Graphen übertragbar sind. Wenn im weiteren Verlauf dieser Arbeit von G, V, E, n oder m gesprochen wird, so ist damit immer die Bedeutung wie in dieser Definition gemeint.

Eine wichtige Eigenschaft von Graphen ist ihre Dichte. Gilt $m \approx n^2$, so spricht man von einem **dichten** Graph (engl. dense). Gilt $m = O(n)$ heißt der Graph **dünn** (eng. sparse).

Mit dem **Grad** (engl. degree) eines Knoten $v \in V$ bezeichnet man die Anzahl seiner eingehenden und ausgehenden Kanten. Dabei unterscheidet man zwischen dem **Eingangsgrad** (engl. indegree) $\text{indeg}(v) = |\{(w, v) \in E\}|$, dem **Ausgangsgrad** (engl. outdegree) $\text{outdeg}(v) = |\{(v, w) \in E\}|$ und dem Grad $\text{deg}(v) = \text{indeg}(v) + \text{outdeg}(v)$.

Ein weiterer wichtiger Begriff ist ein **Weg** (engl. walk). Unter einem Weg versteht man eine alternierende Folge von Knoten und Kanten $v_0, e_1, v_1, e_2, ..., e_k, v_k$ mit $\forall 0 \leq i \leq k : v_i \in V$ und $\forall 1 \leq j \leq k : e_j = (v_{j-1}, v_j) \in E$. Dabei ist die **Länge** eines Weg als die Anzahl der Kanten (also k) definiert.

Ein **Pfad** ist ein Weg mit paarweise verschieden Kanten. Ein **einfacher Pfad** ist ein Pfad mit paarweise verschieden Knoten. Ein **Kreis** ist ein Weg, bei dem der Start- und Endknoten identisch sind.

Die **Distanz** zwischen zwei Knoten $v, w \in V$ wird durch eine Funktion $d : V \times V \rightarrow \mathbb{R}_{\geq 0} \cup \{\infty\}$ ausgedrückt. Dabei gilt, dass $d(v, w)$ das Minimum der Längen aller einfachen Pfade von v nach w ist, unter der Voraussetzung, dass mindestens ein solcher Pfad existiert. Existiert kein Weg von v nach w, so wird $d(v, w) = \infty$ gesetzt. Wie üblich gilt $d(v, v) = 0$. Alle Pfade von v nach w mit der Länge $d(v, w) < \infty$ sind **kürzeste Pfade**.

Existiert ein Weg von v nach w spricht man auch davon, dass w von v aus **erreichbar** ist. Die von v aus erreichbaren Knoten sind also alle $w \in V$ für die gilt $d(v, w) < \infty$. Die Menge der von v aus erreichbaren Knoten ohne v selbst wollen wir mit $X(v) \subseteq V$ bezeichnen.

2.2. Autor-Zitate Netzwerke

Ein Autor-Zitate Netzwerk beschreibt eine Menge von Informationen über wissenschaftliche Veröffentlichungen, sowie ihre Autoren und Zitate zwischen diesen Veröffentlichungen. Wissenschaftliche Arbeiten dienen dabei als Knoten und eine Referenz von einer Arbeit auf eine andere wird als gerichtete Kante vom zitierenden Knoten auf den zitieren Knoten dargestellt. Bestimmt man nun die Zentralität[1] jedes Knoten im Netzwerk, kann man daraus Rückschlüsse auf die Wichtigkeit der Autoren ziehen.

Neben der Tatsache, dass es sich um einen gerichteten Graphen handelt, können wir noch weitere Annahmen über seine Struktur treffen. Da Veröffentlichungen sich nicht selbst zitieren können, existieren keine **Schleifen** (Kanten von einem Knoten auf sich selbst). Einen solchen Graph nennt man auch **schleifenfrei**. Des Weiteren ist der Graph **kreisfrei**, enthält also keine Kreise. Dies können wir ausschließen, da durch ei-

---

[1]Was genau wir unter Zentralität verstehen wird in 2.4 erläutert.

ne Kante $(v_0, v_1) \in E$ eine chronologische Ordnung impliziert wird: Die Arbeit v_1 muss vor der Arbeit v_0 veröffentlicht worden sein, sonst hätte es nicht von v_0 zitiert werden können[2]. Diese Ordnung gilt für alle vom Weg genutzten Kanten und somit wegen der Transitivität von $<_{chronologisch}$ auch für die Start- und Endknoten des Weges.

2.3. h-Index

Der von Jorge E. Hirsch entwickelte h-Index (auch Hirsch-Index, Hirschfaktor, Hirsch-Koeffizient; engl. Hirsch number, Hirsch index oder h-number) ist ein etabliertes Maß zur Bewertung von Wissenschaftler auf Basis der Zitierungen ihrer Veröffentlichungen [1]. Ein h-Index von k bedeutet, dass von den Arbeiten, die ein Wissenschaftler veröffentlicht hat, k viele mindestens k mal zitiert worden sind.

Ein großer Nachteil des h-Index ist, dass er durch die Anzahl der veröffentlichten Arbeiten begrenzt ist. Dies benachteiligt Wissenschaftler, die noch am Anfang ihrer Karriere stehen und daher wenig veröffentlicht haben. Daher eignet sich der h-Index zwar zum Vergleich von Wissenschaftlern, die gleich lange in einem Feld aktiv sind, nicht jedoch für globale Ranglisten. Eine möglich Lösung für dieses Problem, den sogenannten m-Quotient, der die Zeit seit der ersten Veröffentlichung eines Wissenschaftlers in die Berechnung einfließen lässt, sowie weitere Probleme des h-Index und mögliche Lösungsansätze für diese Probleme, werden von Anne-Wil Harzing diskutiert [2].

2.4. Zentralität

Da wir in dieser Arbeit wichtige Knoten in Autor-Zitate Netzwerken identifizieren möchten, ist es notwendig, zunächst ein Verständnis für die Wichtigkeit eines Knoten zu entwickeln. Üblicherweise bezeichnet man Maße, die geeignet sind, einflussreiche oder zentrale Knoten zu finden, als Zentralitätsmaße. Man kann sich die Zentralität eines Knoten also als seine Wichtigkeit vorstellen. Zwar gibt es eine Vielzahl solcher Maße, doch keines davon ist universell. Die Wahl des richtigen Zentralitätsmaßes hängt immer vom Anwendungsgebiet ab. Ebenso mangelt es an einer allgemein akzeptierten, formalen Definition von Zentralität. Hanjo Täubig identifiziert folgende Eigenschaften der Zentralität [3]: Eine Zentralität sollte etwas über die Wichtigkeit, das Prestige, den Einfluss, die Kontrolle und die Unentbehrlichkeit eines Knoten aussagen. Des Weiteren

---

[2]Diese Einschränkung geht davon aus, dass der Autor von v_0 nicht Einblick in eine Vorabversion von v_1 hatte.

darf sie nur von der Struktur des Graphen abhängen und sollte Ergebnisse in einer Form liefern, die eine Ordnung erlaubt.

Neben der von uns betrachteten Knotenzentralität gibt es auch Kantenzentralität, mit der sich Kanten von zentraler Bedeutung identifizieren lassen. Diese spielt in dieser Arbeit keine Rolle.

Nun wollen wir uns einige Graphzentralitätsmaße im Detail anschauen und bereits erste Überlegungen für ihre Anwendbarkeit auf Autor-Zitat Netzwerke tätigen.

2.4.1. Betweenness

Die *Betweenness*, auch *Shortest Path Betweenness Centrality*, ist ein Maß, welches diejenigen Knoten als wichtig ansieht, über die, unter der Annahme, dass Informationen im Graphen gleichmäßig von und zu allen Knoten fließen, viele Informationen fließen. Konkret betrachtet man dazu die Anzahl der kürzesten Pfade, in denen ein Knoten v vorkommt. Dieses Verfahren wurde in den 1970er Jahren von Anthonisse und Freeman eingeführt [4, 5]. Heute ist Betweenness in der Analyse sozialer Netzwerke weit verbreitet.

Definition 1 (Betweenness).
Die Betweenness $C_B(v)$ *eines Knoten* $v \in V$ *ist definiert durch die Abbildung* $C_B :$ $V \to \mathbb{R}_{\geq 0}$ *mit*

$$C_B(v) = \sum_{s \neq v \neq t \in V} \frac{\sigma_{s,t}(v)}{\sigma_{s,t}}$$

wobei gilt:

- $\sigma_{s,t}(v)$*: Die Anzahl der kürzesten Pfade von s nach t, die durch v verlaufen.*

- $\sigma_{s,t} = max\{$*Die Anzahl der kürzesten Pfade von s nach t, 1*$\}$

Häufig werden diese Werte noch normalisiert. Dazu dividiert man sie durch die Anzahl der möglichen Paare aller Knoten aus $V \setminus \{v\}$. Also konkret $(n-1)(n-2)$ für gerichtete und $\frac{(n-1)(n-2)}{2}$ für ungerichtete Graphen. Auf Grund des geringen Vernetzungsgrades in den von dieser Arbeit untersuchten Graphen (siehe Kapitel 4.1) haben wir die Betweenness-Werte nicht normalisiert.

Zum besseren Verständnis der Betweenness wollen wir ein Beispiel betrachten:

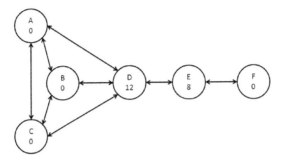

Abbildung 2.1.: In diesem Beispielgraph entspricht die Zahl in den Knoten der Betweenness des jeweiligen Knoten.

In Abbildung 2.1 wird deutlich, welche Art von Zentralität die Betweenness misst. Obwohl die Knoten A, B und C jeweils mit mehr als der Hälfte der restlichen Knoten im Graphen direkt über ein- und ausgehende Kanten verbunden sind, haben sie eine Betweenness von 0, während der nur mit zwei anderen Knoten verbundene Knoten E ein Betweenness von 8 zugewiesen bekommt. Es kommt nicht darauf an, wie gut ein Knoten mit anderen Knoten verbunden ist sondern darum, ob er Teile des Graphen miteinander verbindet, die sonst nicht verbunden wären. In diesem Fall ist E eine Brücke zwischen A, B, C, D auf der einen und F auf der anderen Seite. Der Knoten D ist ebenfalls eine Brücke, da er A, B und C mit E und F verbindet.

2.4.2. Distanzsumme

Die Distanzsumme (engl. Closeness) ist die durchschnittliche Länge eines kürzesten Pfades von v zu allen anderen Knoten im Graph. Eine niedrige Distanzsumme kennzeichnet einen Knoten, von dem aus alle anderen Knoten in verhältnismäßig wenigen Schritten[3] erreichbar sind. Die ersten Arbeiten zur Distanzsumme stammen aus dem Jahr 1950 von Bavelas [6]. Wir haben uns für eine abgewandelte Version der Distanzsumme entschieden:

Definition 2 (Distanzsumme).
Die Distanzsumme $C_C(v)$ *eines Knoten* $v \in V$ *ist definiert durch die Abbildung* $C_C :$
$V \to \mathbb{R}_{\geq 0}$ *mit*

---

[3]Schritte meint hier die Anzahl der Kanten auf einem kürzesten Pfad zwischen zwei Knoten.

$$C_C(v) = \frac{\sum\limits_{t \neq v \in X(v)} d(v, t)}{|X(v)|}$$

Würde man, wie in der normalen Distanzsumme vorgesehen, $w \in V \setminus X(v)$ mit $d(v, w) = \infty$ berücksichtigen, würde es viele Knoten mit einer Distanzsumme von unendlich geben, da wir einen nicht stark zusammenhängenden[4] Graphen erwarten. In der Literatur wird häufig auch $\frac{1}{C_C(v)}$ als Wert für die Distanzsumme genommen. Darauf haben wir verzichtet um eine bessere Lesbarkeit und Nachvollziehbarkeit der Zahlen zu gewährleisten.

2.4.3. Exzentrizität

Die Exzentrizität (engl. Eccentricity) eines Knoten v ist des Maximum der Distanz von diesem Knoten zu allen anderen Knoten [7]. Eine niedrige Exzentrizität weist auf einen Knoten hin, von dem aus alle anderen Knoten in relativ wenigen Schritten erreicht werden können. Wie bei der Distanzsumme haben wir auch bei der Exzentrizität ein Einschränkung auf die jeweils erreichbaren Knoten getroffen:

Definition 3 (Exzentrizität).
Die Exzentrizität $C_E(v)$ eines Knoten v ist definiert durch die Abbildung $C_E : V \to \mathbb{R}_{\geq 0}$ mit

$$C_E(v) = max(\{d(v, w) | w \in X(v) \cup \{v\}\})$$

Die Gründe für die Abwandlung sind die gleichen, wie bei der Distanzsumme. Die Gründe für den Verzicht auf die in der Literatur verbreitete Normalisierung $\frac{1}{C_E(v)}$ sind ebenfalls analog zur Distanzsumme.

---

[4]In einem stark zusammenhängenden Graphen ist jeder Knoten von jedem anderen Knoten aus erreichbar.

2.4.4. Grad

Für die Verwendung der Grade (Grad, Eingangsgrad und Ausgangsgrad; vgl. Kapitel 2.1) als Zentralitätsmaße normalisiert man sie häufig, indem man sie durch $n - 1$ teilt. Um die einfache Lesbarkeit der Zahlen zu gewährleisten haben wir in dieser Arbeit darauf verzichtet.

2.4.5. Eigenvektor-Zentralität

Das Maß Eigenvektor-Zentralität (engl. Eigenvector Centrality) bewertet solche Knoten als gut, die viele eingehende Kanten von Knoten haben, die selbst über eine hohen Zentralität verfügen. Konkret wird dies iterativ oder über die Eigenwerte der Adjazenzmatrix berechnet [8]. Anwendung findet dieses Verfahren im *Eigenfactor* des *Phys Author Rank Algorithm*, einer Art *Impact Factor* für wissenschaftliche Magazine in der Physik [9].

Es folgen zwei Verfahren, die ihren Ursprung im Bereich der Suchtechnologie für das Internet haben. Sowohl der PageRank, als auch der HITs-Algorithmus basieren auf einem Linkgraph, bei dem die Knoten für Internetseiten und die gerichteten Kanten für Hyperlinks zwischen Internetseiten stehen. Beide Verfahren sind rekursiv definiert.

2.4.6. PageRank

Der PageRank ist ein Verfahren von Larry Page und Sergej Brin, welches Websites auf Basis ihrer eingehenden Links bewertet und dabei Links von Websites, die selber viele eingehende Links haben, stärker gewichtet [10]. Das Prinzip stimmt zu großen Teilen mit der Eigenvektor-Zentralität überein. Übertragen auf einen Zitategraph ergibt sich die iterative PageRank-Formel wie folgt:

Definition 4 (PageRank).
Der PageRank $PR(v)$ *eines Knoten v ist definiert durch die Abbildung $PR : V \rightarrow \mathbb{R}_{\geq 0}$ mit*

$$PR(v) = \frac{(1-d)}{n} + d \cdot \sum_{i=1}^{k} \frac{PR(w_i)}{outdeg(w_i)}$$

Dabei ist $0 < d < 1$ ein Dämpfungsfaktor. Oft (und auch hier) nimmt man $d = 0,85$. $\{w_1, ..., w_k\} \subseteq V$ ist die Menge der zu v inzidenten Knoten.

2.4.7. HITs

Das Prinzip der *Hyperlink-Induced Topic Search* wurde 1999 von Jon Kleinberg vorgestellt [11]. Das Verfahren bestimmt zwei Werte (*Authority* und *Hub*) für jeden Knoten, die in einem Linkgraph Dokumente mit guten Inhalten (*Authority*) und Dokumente mit einem guten Überblick über das Thema (*Hub*) identifizieren sollen. Übertragen auf einen Zitat-Graph ergibt sich folgende Formel:

Definition 5 (HITs).
Die Abbildungen auth *und* hub *von V nach $\mathbb{R}_{\geq 0}$ sind definiert durch:*

$$auth(v) = \sum_{i=1}^{k} hub(w_i)$$

$$hub(v) = \sum_{i=1}^{l} auth(x_i)$$

Dabei ist $\{w_1, .., w_k\} \subseteq V$ die Menge der zu v inzidenten Knoten. und $\{x_1, .., x_k\} \subseteq V$ ist die Menge der Knoten zu denen v inzidenten ist.

Sowohl Knoten mit hoher *Authority*, als auch hohem *Hub* sind im Graph auf ihre Weise zentral. Für die Identifikation wichtiger Arbeiten im Sinne von häufiger Zitierung ist die *Authority* der relevante Wert.

3. Data Mining

In diesem Kapitel wollen wir den Prozess der Datensammlung und die gewonnenen Datensätze betrachten.

Im Rahmen dieser Arbeit wurden drei Konferenzen ausgewertet. Das *International Symposium on Graph Drawing* (GD) von 1994 bis 2010, das *Symposium on Theory of Computing* (STOC) von 1969 bis 2010 und das *Symposium on Discrete Algorithms* (SODA) von 1990 bis 2010. Für die Gewinnung der Daten von den Internetportalen http://www.springerlink.de/ und http://portal.acm.org/ wurde ein eigens für diesen Zweck von uns entwickeltes Programm verwendet.

3.1. Konferenzen

Wir möchten kurz die untersuchten Konferenzen vorstellen.

3.1.1. GD

Das *International Symposium on Graph Drawing* ist eine seit 1992 jährliche stattfindende wissenschaftliche Konferenz, die sich mit der Visualisierung von Graphen und Netzwerken beschäftigt. Sie ist die einzige Konferenz in diesem eng abgesteckten Themengebiet, was eine starke Bindung innerhalb der GD-Community vermuten lässt. Zur Datengewinnung wurden Seiten des Internetportals Springerlink ausgelesen.

3.1.2. STOC und SODA

Das *Symposium on Theory of Computing* beschäftigt sich mit Algorithmen, Datenstrukturen, Komplexität und anderen Themen der theoretischen Informatik. Der Fokus des *Symposium on Discrete Algorithms* liegt auf effizienten Algorithmen und Datenstrukturen für diskrete Probleme. Auf Grund der Überschneidung der Thematik wurden beiden Konferenzen in einem Datensatz untersucht.

3.2. Datenquellen

3.2.1. DBLP & Arnetminer

Das *Digital Bibliography & Library Project* (DBLP, deutsch: Digitales Bibliographie- und Bibliotheksprojekt) ist eine Datenbank wissenschaftlicher Arbeiten aus diversen Journalen und Konferenzen auf dem Gebiet der Informatik. Sämtliche Daten, des von der Universität Trier betriebenen Projekts, sind online abrufbar. Diesen DBLP-Datensatz hat das Team von *Arnetminer* um diverse Informationen wie Zitate zwischen den Arbeiten, sowie umfangreiche Profile der Wissenschaftler angereichert [12]. In der aktuellen Version vom 21.02.2011 enthält das *Citation Network Dataset* von Arnetminer 1,5 Millionen Veröffentlichungen mit 2 Millionen Zitaten untereinander [13]. Gefiltert nach Arbeiten der Konferenzen STOC, SODA und FOCS[1] bleiben noch 7.460 Arbeiten mit lediglich 416 Zitaten untereinander übrig. Auf einem derart dünn besetzten Graphen ist es kaum möglich Zentralitätsanalysen durchzuführen. Daher wurde der Arnetminer-Datensatz nicht weiter untersucht.

3.2.2. Springerlink

Springerlink ist ein Online-Portal mit Informationen zu Veröffentlichungen der Fachverlagsgruppe *Springer Science+Business Media*. Jede Veröffentlichung wird dabei über eine eindeutige ID identifiziert, aus welcher sich die URL generieren lässt, unter der die entsprechende Detailseite abrufbar sind. Neben dem Titel der Arbeit gibt es aufbereitete Informationen zu den Namen der Autoren, dem Rahmen der Veröffentlichung (z.B. Name der Konferenz oder des Journals) und den Referenzen, also die Arbeiten, welche von dieser Arbeit zitiert werden. Dabei werden zitierte Arbeiten, die auf Springerlink verfügbar sind, auch mit ihren Detailseiten verlinkt, was eine eindeutige Identifizierung ermöglicht.

---

[1] *Symposium on Foundations of Computer Science*

3.2.3. ACM

Die *ACM Digital Library* ist das Analogon zu Springerlink von der *Association for Computing Machinery* (ACM) [14]. Auch hier werden Veröffentlichungen über eindeutige IDs identifiziert und zu jeder Veröffentlichungen existiert eine Detailseite mit zahlreichen Informationen. Die ACM Daten sind in Konferenzen eingeteilt und diese wiederum in Konferenzbände (engl. *Proceedings*).

3.3. Implementierung

Der folgende Abschnitt befasst sich mit der Implementierung des Programms, welches sowohl für die Sammlung der Daten, als auch für die Auswertung zuständig ist.

3.3.1. Strategie

Die Strategie zur Gewinnung der Daten ist bei Springerlink und ACM sehr ähnlich. Zunächst wird eine Liste der IDs aller Arbeiten erstellt, die die Dienste zur jeweiligen Konferenz haben[2]. Bei Springerlink erfolgt dies über die Eingabe des Namens der Konferenz (z.B. "graph drawing"). Zu diesem Suchbegriff gibt Springerlink eine List der Konferenzbände zurück und auf der Detailseite jedes Konferenzbandes sind die Veröffentlichungen aufgelistet. Aus den Links zu diesen Arbeiten werden deren IDs entnommen. Auf dem ACM-Portal muss die konkrete URL eines beliebigen Konferenzbandes der zu untersuchenden Konferenz als Ausgangspunkt vorgegeben werden. Ausgehend davon werden alle weitere Konferenzbände der gleichen Konferenz aufgerufen und auch hier die IDs der gelisteten Arbeiten ausgelesen. Diese Liste wird dann abgearbeitet und anhand der *Paper-IDs* kann bei beiden Portalen direkt auf die Detailseite der jeweiligen Arbeit zugegriffen werden. Auf Grund der immer gleichen HTML-Struktur dieser Detailseiten können die relevanten Informationen automatisch extrahiert werden. Erst nach Gewinnung aller Daten wird ein Graph berechnet, wobei jeder Knoten eine Arbeit aus dem Datensatz repräsentiert und Kanten über die Referenzen erstellt werden. Referenzen auf Arbeiten, die nicht zum Datensatz gehören, werden nicht berücksichtigt. Auf Basis dieses Graphen werden diverse Eigenschaften

---

[2]Dabei handelt es sich um die IDs, unter denen die Arbeiten auf dem jeweiligen Portal geführt werden.

(siehe 3.3.3) berechnet und an den Knoten gespeichert. Anschließend werden aus den Daten der Veröffentlichungen statistische Werte für die Autoren errechnet.

3.3.2. Persistenz & Export

Die dauerhafte Speicherung der Daten wird über eine XML-Datei realisiert, damit sie auch außerhalb des Programms zur Verfügung stehen. Aus dem gleichen Grund gibt es auch die Möglichkeit eines GEXF-Exports. Durch das Graph Exchange XML Format (GEXF)[3] ist es möglich, die Graphen auch in andere Programm zu importieren und weiterzuverarbeiten. Des Weiteren werden alle in 3.3.3 beschriebenen Werte als CSV-Datei exportiert.

3.3.3. Ermittelte Kennzahlen

Die folgende Daten werden anhand des Zitat-Graphen zu jeder Arbeit berechnet: Grad, Eingangsgrad, Ausgangsgrad, Betweenness, Distanzsumme, Exzentrizität und Eigenvektor-Zentralität, sowie PageRank, *Hub* und *Authority*. Dabei werden alle Werte bewusst ohne Normalisierung gespeichert.

Basierend auf diesen Werten wurden für Autoren jeweils Summe, Durchschnitt und Median aller Werte ihrer Arbeiten erhoben. Zusätzlich wird die Anzahl der Veröffentlichungen jedes Autors gespeichert und sein h-Index, basierend auf diesem Datensatz, berechnet.

3.4. Eindeutigkeit von Namen

Ein grundlegendes Problem in den Daten von ACM und Springerlink ist die inkonsistente Abkürzung von Namen. Ein Beispiel ist die Informatikerin Anna Lubiw, die sowohl unter ihrem vollen Namen *Anna Lubiw* [R1] als auch unter der gekürzten Version *A. Lubiw* [R2] Arbeiten bei der GD-Konferenz eingereicht hat. Natürlich gibt es weitere Anhaltspunkte wie die E-Mail Adresse um Autoren eindeutig zu identifizieren, jedoch ist dies auf Basis der von Springerlink und ACM gesammelten Metadaten nicht möglich, da die E-Mail Adresse von beiden Diensten nicht aus dem PDF extrahiert wird.

In die gleiche Kategorie fällt Franz Josef Brandenburg, der es auf vier Schreibweisen

---

[3]http://gexf.net/format/

bringt: *Franz Brandenburg* [R3], *Franz J. Brandenburg* [R4], *Franz Josef Brandenburg* [R5] und *Franz-Josef Brandenburg* [R6]. Zwar könnte man beide Fälle damit lösen Namen auf den ersten Buchstaben des ersten Wortes, gefolgt von einem Leerzeichen und dem letzten Wort (also *A Lubiw* und *F Brandenburg*) zu reduzieren, dies wird jedoch spätestens bei größeren Datensätzen dazu führen, dass Autoren mit ähnlichen Namen nicht mehr unterscheidbar sind.

Ein weiteres Problem sind Namen mit ungewöhnlichen Sonderzeichen. Der slowakische Mathematiker *Imrich Vrťo* wird von Springerlink in der GD Konferenz gleich in drei Schreibweisen geführt: *Imrich Vrťo* [R7], *Imrich Vrt'o* [R8] und *Imrich Vrt'o* [R9]. Im ersten Beispiel wird der slowakische Buchstabe *t'* [4] verwendet; im zweiten Beispiel wird das Apostroph direkt als solches ausgegeben und im dritten Beispiel ist das Apostroph als HTML-Zeichen kodiert. Die Versionen 2 und 3 sehen im Browser identisch aus, sind für einen HTML-Parser aber erstmal zwei verschiedene Zeichenketten. Im Datenbestand von Springerlink existieren sogar noch eine vierte und fünfte Schreibweise: *Imrich Vrto* [R10] und *I. Vrto* [R11]. Unter diesen beiden wird er jedoch bei keiner GD-Veröffentlichung geführt.

Noch komplexer wird das Problem der Eindeutigkeit von Namen wenn zwei Autoren den gleichen Namen haben. Für dieses Problem gibt es verschiedene Lösungsansätze, jedoch existiert kein eindeutig bester Ansatz. Einen Überblick über verschiedene Verfahren, sowie einige Leistungsvergleiche, liefert Jie Tang [15]. Da diese Verfahren meist den Zugriff auf den kompletten Inhalt der Arbeiten erfordern (z.B. für Analyse der verwendeten Begriffe oder der E-Mail Adressen) wird von uns nur eine einfache Namenskorrektur durchgeführt, die bekannte Sonderzeichen ersetzt.

---

[4]Ein palatalisiertes t. [16]

4. Anwendung

In diesem Kapitel wollen wir die Ergebnisse der Anwendung, der in Abschnitt 3.3.3 erwähnten Kennzahlen, auf die in Kapitel 3 vorgestellten Datensätze betrachten und anschließend die Bewertungen der Autoren auf Basis dieser Werte mit dem h-Index und PageRank vergleichen.

4.1. Bewertung von Knoten

Der folgende Abschnitt betrachtet die Anwendung der bereits erwähnten Algorithmen auf die aus den Datensätzen generierten Graphen.

4.1.1. Überblick

Der GD-Datensatz umfasst 821 Arbeiten, zwischen denen 784 Zitat-Beziehungen bestehen. Dabei haben 40% aller Knoten weder ein-, noch ausgehende Kanten und jeweils 20% verfügen über nur ein- oder nur ausgehende Kanten.
Der STOC+SODA-Datensatz umfasst 4.821 Arbeiten, zwischen denen 11.299 Zitat-Beziehungen bestehen. Dabei haben 15% aller Knoten weder ein-, noch ausgehende Kanten, 25% haben nur ausgehende und 11% haben nur eingehende.
Für Details siehe Tabellen A.3 und A.4.

Abbildung 4.1 ist eine Darstellung des GD-Datensatzes als Graph. Dabei sind Knoten mit einem Grad von Null nicht gezeichnet worden. Die Intensität der Färbung steht für die Höhe des Eingangsgrades und die Größe der Knoten für ihre Betweenness. Alle Kanten verlaufen im Uhrzeigersinn, für eine genauere Erklärung siehe Abbildung A.1. Die Farbe der Kanten hat keine Bedeutung.

15

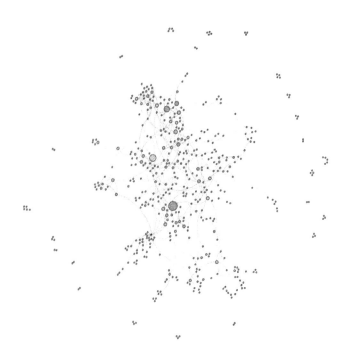

Abbildung 4.1.: Der GD-Datensatz als Graph.

4.1.2. Grad

Da der Grad in einem gerichteten Graphen relativ wenig über einen Knoten aussagt
betrachten wir an dieser Stelle Eingangsgrad und Ausgangsgrad.

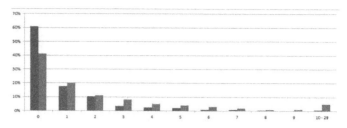

Abbildung 4.2.: Die Verteilung des Eingangsgrades (GD blau, STOC+SODA rot).

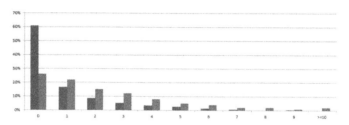

Abbildung 4.3.: Die Verteilung des Ausgangsgrades (GD blau, STOC+SODA rot).

Wie man in Abbildungen 4.2 und 4.3 erkennen kann ist der Anteil der Knoten mit vielen eingehenden oder ausgehenden Kanten im STOC+SODA Datensatz deutlich größer als im GD-Datensatz. Dies kann mit den unterschiedlichen Größen der Datensätze erklärt werden und muss nicht bedeuten, dass die Veröffentlichen der Konferenzen STOC und SODA mehr Bezug aufeinander nehmen als Veröffentlichen bei GD. Sehr deutlich ist in beiden Datensätzen, dass der Großteil der Veröffentlichungen über wenig eingehenden oder ausgehende Zitate verfügen und nur wenige Arbeiten häufig zitiert werden, bzw. selbst viel zitieren.

Da der Eingangsgrad bereits die Grundlage für den h-Index liefert haben wir uns gegen eine weitere Analyse der Möglichkeiten zur Bewertung von Autoren auf Basis des Eingangsgrades ihrer Arbeiten entschieden.

Arbeiten mit hohem Ausgangsgrad könnte man eine wichtige Rolle bei der Verknüpfung einer Menge von Arbeiten beimessen. Doch hierfür ist die Betweenness deutlich besser geeignet, da sie die Brückenknoten identifiziert. Daher haben wir auch den Ausgangsgrad nicht näher untersucht.

4.1.3. Betweenness

Die Grafik 4.4 zeigt die normalisierte Betweenness der 141 Veröffentlichungen im GD-Datensatz, deren Betweenness echt größer Null ist. Es gibt nur wenige Arbeiten mit hoher Betweenness und abgesehen von den fünf höchsten Werten treten keine signifikanten Sprünge auf.

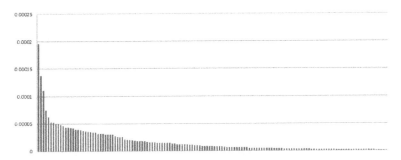

Abbildung 4.4.: Die Beweenness der Veröffentlichungen (GD).

Die Verteilung für den STOC+SODA-Datensatz sieht ähnlich aus, weist jedoch deutlich mehr Arbeiten mit einer Betweenness echt größer Null auf (46% statt 17%). Sehr deutlich wird der Unterschied in Grafik 4.5.

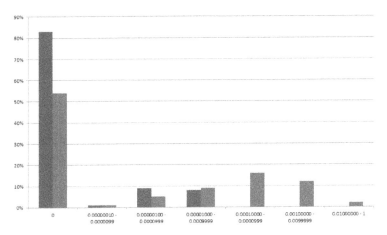

Abbildung 4.5.: Die Verteilung des Betweenness (GD blau, STOC+SODA rot).

18

Insgesamt beträgt die Korrelation zwischen dem Eingangsgrad und der Betwenness eines Knoten nur 0,31 (GD), bzw. 0,49 (STOC+SODA). Dieser relativ geringen Korrelation können wir entnehmen, dass die Betweenness eine andere Zentralität feststellt als der Eingangsgrad und daher auch eine Aufbereitung der Betweenness für Autoren eine andere Form von "Wichtigkeit" als der h-Index ist. Ebenso unterscheidet sich die Betweenness stark vom PR. Hier beträgt die Korrelation lediglich 0,20 (GD), bzw. 0,36 (STOC+SODA).

4.1.3.1. Randknoten

Unter Randknoten verstehen wir solche Knoten, die nicht über eingehende und ausgehende Kanten verfügen. Im GD-Datensatz haben acht der zehn Knoten mit den meisten eingehenden Kanten keine ausgehenden. Dies bedeutet, dass diese sehr häufig zitierten Arbeiten nicht Teil von kürzesten Pfaden, die nicht in ihnen enden, sein können und daher eine Betweenness von Null haben. Da für diese Knoten gilt, dass man von ihnen aus nur sie selbst erreichen kann, sind auch Distanzsumme und Exzentrizität Null.

Im STOC+SODA-Datensatz trifft die Randknotenproblematik zwar nur auf zwei unter den zehn meistzitierten Knoten zu, jedoch sind es mit 83 und 58 Zitaten die meist und drittmeist zitierte Veröffentlichungen.

4.1.4. Distanzsumme & Exzentrität

Auf Grund der extrem geringen maximalen Werte für die Distanzsumme[1] lohnt es sich nicht die Distanzsumme und Exzentrität genauer zu betrachten, da ihre Aussagekraft stark begrenzt ist. Beide Maße sind grundsätzlich ungeeignet um zentrale Arbeiten in Zitat-Graphen zu identifizieren. In nicht stark zusammenhängenden Graphen gibt es zu viele paare von Knoten, deren Distanz unendlich ist. Betrachtet man nun die Distanzsumme und Exzentrizität eines Knoten v über alle Knoten und nicht nur über die von v aus erreichbaren Knoten, so wird sehr vielen Knoten der Wert unendlich zugewiesen[2]. Belässt man es jedoch bei der Einschränkung auf die von v aus erreichbaren Knoten, benachteiligt man Knoten, von denen aus man viele andere Knoten erreichen kann, da so längere Pfade möglich werden.

---

[1]Die größte Distanzsumme eines Knoten ist 10. Vergleich Tabelle A.3.
[2]In beiden untersuchten Datensätzen würde dies sogar auf alle Knoten zutreffen.

4.1.5. Eigenvektor-Zentralität

Auf Grund der großen und eigentlich nicht überraschenden Korrelation (0,82 in GD, bzw. 0,78 in STOC+SODA) der Eigenvektor-Zentralität zum PageRank scheint eine genauere Untersuchung nicht lohnend, da es bereits einige Arbeiten zur Anwendung des PageRank auf Autor-Zitate Netzwerke gibt [17, 18, 19].

4.1.6. PageRank

Der PageRank einer Arbeit korreliert stark mit ihrem Eingangsgrad; konkret 0,85 in GD und 0,74 in STOC+SODA. Dennoch ist es möglich mit nur einer einzigen Zitierung einen hohen PageRank zu erreichen. Die Arbeit *Self-organizing sequential search and Hilberts inequalities* hat mit einem PageRank von 0.003 (den elft höchsten im STOC+SODA-Datensatz), wird jedoch nur einmal zitiert [R12]. Die zitierende Arbeit ist *An optimal online algorithm for metrical task systems*, die selbst einen PR von 0.004 hat (der sechst höchste im ganzen Datensatz) und lediglich eine ausgehende Kante hat, über die dementsprechend viel PageRank "fließt" [R13].

4.1.7. HITs

Die starke Korrelation von fast 1 zwischen der *Authority* und dem Eingangsgrad legt Nahe die *Authority* nicht näher zu betrachten, da sie quasi keine Veränderung zum Zählen der eingehenden Zitate bringt und somit auch keine Verbesserung bringen kann. Selbst wenn sich die *Authority* als besser[3] herausstellen sollte, wäre diese Verbesserung so minimal, dass sie nicht die Verwendung eines Algorithmus rechtfertigen würde, der iterativ berechnet werden muss, während für die Bestimmung des Eingangsgrades lediglich alle eingehenden Kanten gezählt werden müssen.

---

[3]Ohne hier genau zu definieren was ein besseres Maß ist.

4.2. Bewertung von Autoren

Im folgenden Abschnitt wollen wir uns die Zentralitäten der Arbeiten zunutze machen um ihre Autoren zu bewerten.

4.2.1. h-Index

Die Eigenschaften des h-Index sind bekannt. Er wird nicht von einzelnen Arbeiten beeinflusst und identifiziert Wissenschaftler, die x Arbeiten veröffentlicht haben, welche je mindestens x mal zitiert worden sind. Dadurch bevorzugt er Wissenschaftler, die (im untersuchten Forschungsgebiet) bereits viel veröffentlicht haben.

4.2.2. Summe, Median oder Mittelwert

Betrachtet man die Summe aller Veröffentlichungen, so werden Wissenschaftler mit vielen Veröffentlichungen bevorzugt. Daher konzentrieren wir uns auf die Frage, ob der Median oder der Durchschnitt besser geeignet ist, die Zentralität von Arbeiten auf ihre Autoren zu übertragen.

Der Median (der mittelste Wert) ist in der Statistik ein gegenüber dem Durchschnitt (der Mittelwert) bevorzugtes Werkzeug, wenn man ein Maß sucht welches weniger stark von einzelnen Ausreißern, also extrem hohen oder niedrigen Werten, beeinflusst wird. Allerdings führen die vielen Null-Werte in den untersuchten Datensätzen dazu, dass auch der Median häufig Null wird. Abhilfe könnte hier der α-getrimmte Mittelwert schaffen, bei dem zunächst die α Prozent minimalen und maximalen Werte entfernt und aus den verbleibenden Werten der Mittelwert errechnet wird. Aufgrund der nicht symmetrischen Verteilung der betrachteten Werte kann ein α-getrimmter Mittelwert jedoch zu Verzerrungen führen und wurde deshalb nicht verwendet.

Daher bleibt nur der Mittelwert.

Grundsätzlich ist hier anzumerken, dass eine Mittlung über die Jahre, die ein Autor in einem Feld aktiv ist, für eine Normalisierung deutlich besser geeignet ist, als die Anzahl seiner Veröffentlichungen. Denn auf diesem Wege könnte man tatsächlich den Veröffentlichungswert eins Forschungsjahres bemessen. Ein Kriterium, das besonders für Universitäten bei der Einstellung von Wissenschaftlern sehr interessant ist. Bei der Mittlung über die Anzahl der Veröffentlichungen kommt man nicht umhin zusätzlich auch immer die Häufigkeit anzugeben, mit der ein Wissenschaftler veröffentlicht. Leider lag der Wert für die Aktivitätsjahre im Forschungsgebiet nicht vor. Er könnte jedoch in zukünftigen Untersuchungen relativ einfach aus dem Veröffentlichungsjahr der ältesten Veröffentlichung konstruiert werden. Für Vergleiche mit nicht mehr aktiv forschenden Wissenschaftlern sollte zusätzlich das Jahr der letzten Veröffentlichung berücksichtigt werden.

4.2.3. PageRank

Im Gegensatz zum h-Index kann der durchschnittliche PageRank eines Autors sehr stark von PageRank einzelner Arbeiten abhängen, was zum einen an der Verteilung des PageRanks auf Arbeiten liegt und zum anderen an den im vorherigen Abschnitt 4.2.2 diskutierten Eigenschaften des Mittelwerts. Dies führt dazu, dass die zehn Autoren mit dem höchsten PR-Mittelwert im STOC+SODA Datensatz alle lediglich ein Paper veröffentlicht haben und es somit auch nur auf einen h-Index von 1 bringen können obwohl ihre jeweilige Arbeit eine gewisse Signifikanz hatte, da sie entweder von vielen oder wichtigen Arbeiten zitiert worden ist. Die Korrelation des PageRank Durchschnitts zum h-Index beträgt lediglich 0,25 (GD) und 0,42 (STOC+SODA).

4.2.4. Betweenness

Im folgenden betrachten wir die Betweenness im Vergleich zum h-Index und PageRank.

Ein positives Beispiel für die Betweenness im Vergleich zum h-Index ist der Autor Vu Le, dessen einzige Arbeit *Simultaneous Graph Drawing: Layout Algorithms and Visualization Schemes* im GD-Datensatz lediglich einmal zitiert wird [R14]. Jedoch wird sie von *Two Trees Which Are Self-intersecting When Drawn Simultaneously* zitiere, einer Arbeit welche selbst sehr häufig zitiert wird [R15]. Dadurch das *Layout Algorithms and Visualization Schemes* mehrere weitere Arbeiten zitiert, wird eine Brücke von *Two Trees Which Are Self-intersecting When Drawn Simultaneously* zu diesen Arbeiten geschlagen, was zur hohen Betweenness von *Layout Algorithms and Visualization Schemes* führt.

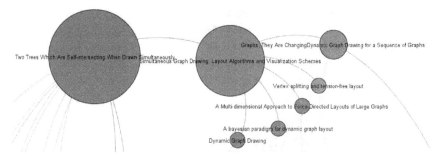

Abbildung 4.6.: Die Arbeit Layout Algorithms and Visualization Schemes und ihre Nachbarn.

Dass der Autor Vu Le nun nach Betweenness Mittelwert der wichtigste Autor im GD-Datensatz ist liegt daran, dass der Mittelwert eines einzelnen Wertes immer extrem stark von diesem Wert beeinflusst wird und in diesem Fall unverhältnismäßig hoch ist. Dies ist ein Problem des Mittelwertes, beziehungsweise des zu kleinen Datensatzes und nicht der Betweenness.

Am Beispiel des Autors Vu Le merkt man allerdings auch, dass die Betweenness nicht als absolutes Maß zur Identifikation mit dem größten Einfluss in einem Forschungsgebiet geeignet ist, sondern eher die Autoren identifiziert, deren Arbeiten als Brücken zwischen einzelnen Teilbereichen dienen. Dafür betrachten wir Abbildung 4.7 und Tabelle 4.1 mit den zugehörigen Betweenness-Werten.

(a)   (b)

Abbildung 4.7.: Betweenness.

Knoten	Betweenness (a)	Betweenness (b)
A	2	8
B	1	5
C	0	0
D	0	9
E	0	0
F	0	0
G	0	0

Tabelle 4.1.: Die Betweenness für die Graphen in Abbildung 4.7.

In Graph 4.7a ist Knoten D klar die meist zitierte Arbeit und sollte nach intuitivem Verständnis von Zentralität der zentrale Knoten diesen Graphen sein. Seine Betweenness ist jedoch Null, da er unter dem in Kapitel 4.1.3.1 erörterten Problem leidet nur eingehende aber keine ausgehenden Kanten zu haben. Dreht man die Richtung einiger Kanten um, wie in 4.7b geschehen, steigt die Betweenness von Knoten D stark an. Da dies jedoch bedeuten würde, dass die Arbeit D seltener von anderen Arbeiten zitiert worden ist als vorher, ist diese Steigerung der Zentralität absolut unintuitiv wenn wir uns im Kontext der Bewertung von Wissenschaftlern bewegen.

Ein Beispiel für die Problematik der Kombination aus Durchschnitt und Ranknoten ist Pera Mutzel. Sie hat 35 Arbeiten im GD-Datensatz veröffentlicht und ist mit einem h-Index von 5 die führende Autorin. Allerdings bringt sie es nur einen Betweenness Mittelwert von 3; ein Wert den 90 andere Autoren übertreffen. Der Grund für einen so niedrigen Durchschnitt liegt darin, dass 22 ihrer 35 Arbeiten ein Betweenness von 0 haben. In vielen Fällen liegt dies nur an einem Mangel ausgehender Kanten, nicht eingehender. Hätte Mutzel mehr Arbeiten zitiert, die auch in unserem Datensatz auftauchen, würde diese Problematik nicht bestehen. Da das Zitieren von mehr Arbeiten kein Zeichen von Qualität ist, ist dies wieder ein Beispiel für den Konflikt zwischen intuitiven Faktoren für die Wichtigkeit von Arbeiten und Autoren und der Art von Zentralität, die durch Betweenness gemessen wird.

5. Fazit

In diesem Kapitel wollen wir die gewonnenen Erkenntnisse zusammenfassen und Ansätze formulieren, die der Ausgangspunkt für weitere Untersuchungen in der Zukunft sein können.

Wir sind mit dem Ziel, die Tauglichkeit von Graphzentralitäten als Alternativen zu h-Index und PageRank bei der Bewertung von Wissenschaftlern in Autor-Zitate Netzwerken zu untersuchen, gestartet. Im Laufe dieser Arbeit haben wir mehrere Dinge gezeigt: 1) Die Maße der Distanzsumme und Exzentrizität sind auf Grund der nicht stark zusammenhängende Zitat-Graphen grundsätzlich ungeeignet um verwertbare Aussagen zu treffen. 2) Die Eigenvektor-Zentralität ähnelt dem PageRank so stark, dass es nicht lohnend scheint, sie zu untersuchen. Selbiges gilt für die *Authority* aus dem HITs-Algorithmus, die sehr stark mit dem Eingangsgrad korreliert ist. 3) Die Betweenness ist in der Lage wichtige Arbeiten zu identifizieren, die der h-Index nicht finden kann. Dies trifft insbesondere auf Veröffentlichungen zu, die sonst getrennte Gruppen von Arbeiten verbinden, sowie auf Autoren mit wenigen aber wichtigen Veröffentlichungen. Gleichzeitig unterliegt die Betweenness aber auch Einschränkungen und weist nicht allen Arbeiten Werte zu, die unserem Verständnis von zentralen Arbeiten entsprechen.

5.1. Probleme

In diesem Abschnitt werden einige generelle Probleme der Zitatanalyse beschrieben und, soweit möglich, Lösungsansätze formuliert.

5.1.1. Matthäus-Effekt

Ein Problem, mit dem alle Systeme zur Bewertung von Autoren auf Basis von Referenzen zu kämpfen haben, ist das in der Soziologie als Matthäus-Effekt (engl. *the rich get richer*) bekannte Phänomen, dass einige Arbeiten unverhältnismäßig viele Zitate bekommen. Wenn mehr als eine Veröffentlichung als mögliche Quelle zur Verfügung steht, wird häufig die bekanntere Arbeit, beziehungsweise die Arbeit des bekannteren Autors, gewählt.

5.1.2. Kontext

5.1.2.1. Kontext eines Zitats

Ein grundsätzliches Problem, welches sich mit einer Graph-Struktur, wie wir sie betrachten, nicht lösen lässt, ist der Kontext einer Referenz. Wird eine Quelle lediglich zitiert um sich die Einführung einer Problemstellung zu sparen oder um Definitionen und Notationen zu übernehmen, sollten diese Referenzen weniger Wichtig sein als Referenzen, die von elementarer Wichtigkeit sein, zum Beispiel wenn Erkenntnisse aus der referenzierten Arbeit übernommen werden.

Ebenso ist es denkbar, dass Referenzen auf Arbeiten, deren Behauptungen man widerlegt, einen abgeschwächten Einfluss haben sollten.

Diese Wertigkeit einer Referenz könnte über gewichtete Kanten in einem Graph ausgedrückt werden. Statt kürzesten Pfaden würde man dann Pfade mit niedrigsten Kosten gehen um Zentralitäten zu berechnen. Grundlage ist jedoch ein semantisches Verständnis des Kontext, in dem ein Verweis gebracht wird.

5.1.2.2. Kontext einer Veröffentlichungen

Neben dem Kontext einer Referenz ist auch der Kontext einer Arbeit selbst interessant. Ein Problem sind sogenannte *Review Paper*. Diese geben einen Überblick über den aktuellen Stand oder die Entwicklung in einem Forschungsgebiet und zitieren dabei natürlich eine Vielzahl von Arbeiten. Umgekehrt werden die *Review Paper* selbst häufig zitiert, da sie einen schnellen Überblick liefern. Dies kann unwichtige Veröffentlichungen bevorzugen, weil sie ein Zitat aus dem *Review Paper* bekommen und wichtige Arbeiten benachteiligen, weil das *Review Paper* an ihrer Stelle zitiert wird. Dies ist besonders dann wahr, wenn die originale Arbeit von einem unbekannten Wissenschaftler stammt, während der Verfasser des *Review Papers* eine etablierte Bekanntheit ist, da dann der Matthäus-Effekt (vgl. 5.1.1) hinzukommt.

Die Problematik der *Review Paper* wird von Maßen, die über kürzeste Pfade oder einen Fluss im Graphen (wie z.B. der PageRank) arbeiten, bereits abgeschwächt, kann bei auf dem Eingangsgrad basierenden Bewertungen jedoch große Auswirkungen haben.

Ein Beispiel für eine Form des *Review Papers* ist der *Graph Drawing Contest Report*, der jedes Jahr die Ergebnisse des Wettbewerbes im Graphzeichnen zusammenfasst, der jährlich im Rahmen der GD stattfindet. Der Report zur GD von 1998 zitiert bereits in seiner Einleitung die Reports zu den GD Konferenzen aus den Jahren 1994 bis 1997 um Bezug auf bisherige Ergebnisse nehmen zu können [R16].

5.2. Ansätze für Distanzsumme & Exzentrizität

Generell ist eine Kombination aus Distanzsumme und Exzentrizität sehr interessant. Knoten, bei denen beide Werte relativ niedrig sind, erfüllen zwei Eigenschaften: 1) Von ihnen aus kann man jeden anderen Knoten erreichen; sogar: Von ihnen aus kann man jeden Knoten in relativ wenigen Schritten erreichen. 2) Kein Knoten ist sehr weit von ihnen entfernt. Die erste Eigenschaft liefert die Distanzsumme, die zweite die Exzentrizität.

5.2.1. Nicht stark zusammenhängende Graphen

Da wir im Anwendungsgebiet Zitat-Graph keine stark zusammenhängenden Graph erwarten dürfen, könnte eine Modifikation der Distanzsumme, wie sie von Tore Opsahl vorgeschlagen wird, Abhilfe schaffen [20]. Damit ist es möglich eine Abwandlung der Distanzsumme zu berechnen, die den Vergleich von Knoten zulässt, die mit unterschiedlichen vielen anderen Knoten verbunden sind ohne auf die Probleme zu stoßen, die wir mit unserer Modifikation der Distanzsumme in 4.1.4 identifiziert haben.

5.2.2. Kanteninvertierung

Eine weitere Überlegung ist, die Kantenrichtungen im Graphen für die Berechnung dieser beiden Zentralitäten umzukehren. Dann würden Knoten nicht mit niedrigen Werten belohnt werden, wenn sie viel zitieren, sondern viel zitiert werden, was zu einer Zentralität führt, die eher unserem intuitiven Verständnis von Wichtigkeit entspricht. Abbildungen 5.1a zeigt einen Beispielgraphen und 5.1b den gleichen Graph mit umgedrehten Kanten. Die Werte für diese beiden Graphen kann man der Tabelle 5.1 entnehmen.

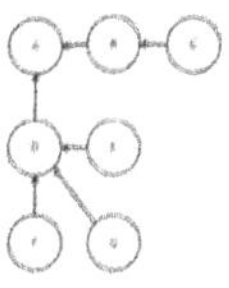

(a) im Original-
format

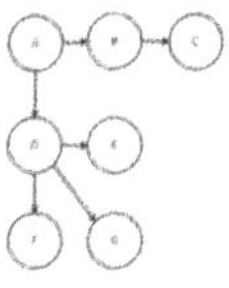

(b) mit invertier-
ten Kanten

Abbildung 5.1.: Ein Zitatgraph im original und mit invertierten Kanten.

Knoten	Distanzsumme (a)	Exzentrizität (a)	Distanzsumme (b)	Exzentrizität (b)
A	0	0	1, 7	2
B	1	1	1	1
C	1, 5	2	0	0
D	1	1	1	1
E	1, 5	2	0	0
F	1, 5	2	0	0
G	1, 5	2	0	0

Tabelle 5.1.: Distanzsumme und Exzentrizität für die Graphen 5.1a und 5.1b.

6. Literaturverzeichnis

- [1] J. E. Hirsch: An index to quantify an individual's scientific research output. Proceedings of The National Academy of Sciences, Vol. 102. 2005

- [2] Anne-Wil Harzing: Reflections on the h-index. 2008. http://www.harzing.com/pop_hindex.htm, abgerufen am 30.06.2011

- [3] Hanjo Täubig: Fortgeschrittene Netzwerk- und Graph-Algorithmen. http://www14.informatik.tu-muenchen.de/lehre/2010WS/anga/, abgerufen am 16.06.2011

- [4] J. M.Anthonisse: The rush in a directed graph. USENIX Technical Conference. 1971

- [5] L. C. Freeman: A set of measures of centrality based on betweenness. 1977

- [6] Alex Bavelas: Communication Patterns in Task-Oriented Groups, Journal of The Acoustical Society of America, Vol. 22, No. 6. 1950

- [7] P. Hage: Eccentricity and centrality in networks. Social Network. 1995

- [8] Philip Bonacich: Factoring and weighting approaches to status scores and clique identification. Journal of Mathematical Sociology, Vol. 2, No. 1. 1972

- [9] http://www.physauthorsrank.org/, abgerufen am 30.06.2011

- [10] Lawrence Page, Sergey Brin, Rajeev Motwani, Terry Winograd: The Page-Rank Citation Ranking: Bringing Order to the Web. World Wide Web Conference Series. 1998

- [11] Jon M. Kleinberg: Hubs, authorities, and communities. ACM Computing Surveys, Vol. 31. 1999

- [12] Jie Tang, Duo Zhang und Limin Yao: Social Network Extraction of Academic Researchers. IEEE International Conference on Data Mining. 2007

- [13] http://www.arnetminer.org/citation, abgerufen am 23.06.2011

- [14] http://portal.acm.org/, abgerufen am 30.06.2011

- [15] Jie Tang, Jing Zhang, Limin Yao, Juanzi Li, Li Zhang und Zhong Su: Arnetminer - Extraction and Mining of Academic Social Networks. ACM SIGKDD International Conference on Knowledge Discovery and Data Mining. 2008

- [16] http://de.wikipedia.org/wiki/Hatschek, abgerufen am 20.06.2011

- [17] Nan Maa, Jiancheng Guanb und Yi Zhaoc: Bringing PageRank to the citation analysis. Information Processing and Management, Volume 44, Issue 2. 2008

- [18] Ying Ding, Erjia Yan, Arthur Frazho und James Caverlee: PageRank for ranking authors in co-citation networks. Journal of the American Society for Information Science and Technology, Volume 60, Issue 11. 2009

- [19] Dalibor Fiala, François Rousselot, Karel Je?ek: PageRank for bibliographic networks. Scientometrics, Volume 76, No. 1. 2008

- [20] Tore Opsahl, Filip Agneessens, John Skvoretz: Node centrality in weighted networks - Generalizing degree and shortest paths. Social Networks, Vol. 32, No. 3. 2010

6.1. Referenzliste

Die folgenden Arbeiten werden zwar referenziert, jedoch nicht aus inhaltlichen Gründen, sondern wegen ihrer Betrachtung in unseren Datensätzen:

- [R1] Therese Biedl, Anna Lubiw und Michael J. Spriggs: Morphing Planar Graphs While Preserving Edge Directions. Symposium on Graph Drawing. 2005
  http://www.springerlink.com/content/yu52684n28166683/
  abgerufen am 30.06.2011

- [R2] H. ElGindy, G. Liotta, A. Lubiw, H. Meijer und S. H. Whitesides: Recognizing rectangle of influence drawable graphs. Symposium on Graph Drawing. 1994
  http://www.springerlink.com/content/ypq4692637p30205/
  abgerufen am 30.06.2011

- [R3] Franz Brandenburg, Ulrik Brandes, Michael Himsolt und Marcus Raitner: Graph-Drawing Contest Report. Symposium on Graph Drawing. 2000

`http://www.springerlink.com/content/hjj7g99uxujabgf4/`
abgerufen am 30.06.2011

- [R4] Franz J. Brandenburg, Christian A. Duncan, Emden Gansner und Stephen G. Kobourov: Graph-Drawing Contest Report. Symposium on Graph Drawing. 2004
  `http://www.springerlink.com/content/a562web52glu1hew/`
  abgerufen am 30.06.2011

- [R5] Christopher Auer, Christian Bachmaier, Franz Josef Brandenburg, Wolfgang Brunner und Andreas Gleißner: Plane Drawings of Queue and Deque Graphs. Symposium on Graph Drawing. 2010
  `http://www.springerlink.com/content/k826h7t72143x7p5/`
  abgerufen am 30.06.2011

- [R6] Sabine Bachl und Franz-Josef Brandenburg: Computing and Drawing Isomorphic Subgraphs. Symposium on Graph Drawing. 2001
  `http://www.springerlink.com/content/84vh4vv1k1uwry19/`
  abgerufen am 30.06.2011

- [R7] Markus Geyer, Michael Kaufmann und Imrich Vrťo: Two Trees Which Are Self-intersecting When Drawn Simultaneously. Symposium on Graph Drawing. 2005
  `http://www.springerlink.com/content/p72q8j1j8r6q1223/`
  abgerufen am 30.06.2011

- [R8] Farhad Shahrokhi und Imrich Vrt?o: On 3-Layer Crossings and Pseudo Arrangements. Symposium on Graph Drawing. 1998
  `http://www.springerlink.com/content/h6d97w78ff6pg5jw/`
  abgerufen am 30.06.2011

- [R9] Crossing numbers of meshes,
  `http://www.springerlink.com/content/7p1g5452777274g3/`
  abgerufen am 30.06.2011

- [R10] Krzystof Diks, Hristo N. Djidjev, Ondrej Sykora und Imrich Vrto: Edge separators for planar graphs and their applications. Mathematical Foundations of Computer Science. 1988
  `http://www.springerlink.com/content/516828q536m45212/`
  abgerufen am 30.06.2011,

- [R11] O. Sykora und I. Vrto: Optimal layouts of the tree of meshes with vertices on the perimeter of the bounding convex region. Symposium of Theoretical Aspects of Computer Science. 1984
  http://www.springerlink.com/content/77v3434847371v41/
  abgerufen am 30.06.2011

- [R12] Fan RK Chung, D J Hajela und Paul D Seymour: Self-organizing sequential search and Hilberts inequalities. Proceedings of the annual ACM symposium on Theory of computing. 1985.
  http://portal.acm.org/citation.cfm?id=22170
  abgerufen am 30.06.2011

- [R13] Allan Bertram Borodin, Nati Linial und Michael E Saks: An optimal online algorithm for metrical task systems. Proceedings of the annual ACM symposium on Theory of computing. 1987
  http://portal.acm.org/citation.cfm?id=28435
  abgerufen am 30.06.2011

- [R14] Cesim Erten, Stephen G. Kobourov, Vu Le und Armand Navabi: Simultaneous Graph Drawing: Layout Algorithms and Visualization Schemes. Proceedings of the Symposium on Graph Drawing. 2005.

- [R15] Markus Geyer, Michael Kaufmann und Imrich Vrto: Two Trees Which Are Self-intersecting When Drawn Simultaneously. Proceedings of the Symposium on Graph Drawing. 2005.

- [R16] P. Eades, J. Marks, P. Mutzel und S. Nort: Graph-drawing contest report. Proceedings of the Symposium on Graph Drawing. 1998

A. Anhang

A.1. CD-Inhalt

Achtung: Die CD und die hier erwähnten Daten liegen **nicht** bei.

A.1.1. Programm und Datenbestände

A.1.1.1. Ausführbare Jar mit Beispieldatensätzen

Unter */Programm/* liegt die ausführbare Jar-Datei *GraphcentralityInAuthorCitation-Networks.jar* inklusive der Datensätze GD und STOC+SODA, sowie einiger Beispielkonfigurationsdateien.

A.1.1.2. Anleitung

Die Jar-Datei kann mit dem folgenden Befehl gestartet werden:

```
java -Xmx2g -jar GraphcentralityInAuthorCitationNetworks.jar
```

Die Parameter haben folgende Bedeutung:

- **java**: Führt das Programm als Java-Anwendung aus.

- **-Xmx2g**: Weist dem Programm 2 GB Arbeitsspeicher zu.

- **-jar**: Sagt Java, dass eine Jar-Datei ausgeführt werden soll

- **GraphcentralityInAuthorCitationNetworks.jar**: Der Name des Programms.

33

A.1.1.2.1. Konfiguration   Die Konfiguration des Programms erfolgt über eine config.txt Datei, die im gleichen Verzeichnis wie die .jar-Datei liegen muss. Eine Config-Datei unterstütze die folgende Parameter:

Parameter	Werte und Wirkung
MODE	Kann ACM oder SPRINGER sein. Sagt dem Programm von welchem Portal Daten gesammelt werden sollen. Ist nur wichtig wenn SPIDER auf YES steht.
LOAD	Kann NO sein oder den Namen eines Datensatzes enthalten, der im gleichen Verzeichnis wie das Programm liegt (z.B. gd-spider.xml).
SPIDER	Kann YES oder NO sein. Sagt dem Programm ob Daten gesammelt werden sollen oder nicht.
GRAPH	Kann YES oder NO sein. Sagt dem Programm ob ein Graph berechnet werden soll oder nicht. Wird ein Graph berechnet so werden direkt alle Zentralitäten für die Knoten und die statistischen Werte für die Autoren berechnet.
EXPORT	Kann YES oder NO sein. Sagt dem Programm ob der Graph als PDF und GEFX exportiert werden soll. Erfordert, dass GRAPH auf YES steht.
CSV	Kann YES oder NO sein. Sagt dem Programm ob die Werte der Arbeiten und Autoren als CSV-Dateien exportiert werden sollen.
SAVE	Kann NO sein oder den gewünschten Namen des Datensatzes (z.B. gd-springer-neu.xml) enthalten. Unter diesem Namen wird der Datensatz im Verzeichnis des Programms gespeichert.

Tabelle A.1.: Übersicht der Parameter der Konfigurationsdatei.

Unter */Programm/* sind die folgenden Konfigurationsdateien zu finden. Zur Benutzung muss die jeweilige Datei in config.txt umbenannt werden:

Datei	Anweisungen
config-analyse-gd.txt	Lädt den Datensatz gd-springer.xml, berechnet alle Werte für Knoten und Autoren und exportiert die Daten als neuen Datensatz gd-springer-neu.xml, PDF, CSV und GEFX.
config-analyse-stoc-soda.txt	Lädt den Datensatz stoc-soda-acm.xml, berechnet alle Werte für Knoten und Autoren und exportiert die Daten als neuen Datensatz gd-stoc-soda-acm-neu.xml, PDF, CSV und GEFX.
config-load-stoc-spider-soda.txt	Lädt den Datensatz stoc-acm.xml, spidert die Konferenz SODA auf ACM und speichert den erweiterten Datensatz als stoc-soda-acm.xml. Zusätzlich erfolgt ein Export als PDF, CSV und GEFX.
config-spider-gd.txt	Spidert die Konferenz GD auf Springerlink anhand des Suchbegriffs "graph drawing" und speichert den daraus resultierenden Datensatz als gd-springer.xml. Zusätzlich erfolgt ein Export als PDF, CSV und GEFX.
config-spider-stoc.txt	Spidert die Konferenz STOC auf ACM und speichert den daraus resultierenden Datensatz als stoc-acm.xml. Zusätzlich erfolgt ein Export als PDF, CSV und GEFX.

Tabelle A.2.: Übersicht der der Konfigurationsdatei.

A.1.1.3. Netbeans Projekt

Unter */Netbaens/GraphcentralityInAuthorCitationNetworks/* liegt das komplette Netbeans Projekt. Die verwendeten Libs sind unter */Netbeans/Lib/s* zu finden.

A.1.2. Aufbereitete Daten

Unter */Daten/GD/*, bzw. */Daten/STOC-SODA/* liegen jeweils der Datensatz als XML, die exportierten Daten als PDF, CSV und GEXF, sowie manuell erstellte Excel-Dateien, die zum Berechnen einiger in dieser Arbeit verwendeter Werte verwendet wurden. Für die eigene Weiterverarbeitung in einer Tabellenkalkulation wird die Benutzung der csv-Dateien empfohlen.

A.2. Tabellen und Diagramme

Es folgen einige Diagramm und Tabelle die für den Hauptteil dieser Arbeit zu detailliert waren.

A.2.1. Statistische Werte

In den folgenden Tabellen ist mit *Anzahl 0* die Anzahl der Veröffentlichungen gemeint, für die dieser Wert 0 ist. *Prozent 0* gibt an wie viel Prozent der Paper dies sind.

Maß	Min	Max	Mittelwert	Median	Anzahl 0	Prozent 0
Grad	0	29	2	1	332	40%
Eingangsgrad	0	29	2	0	500	61%
Ausgangsgrad	0	10	2	0	499	61%
norm. Between.	0	$1,96 \cdot 10^4$	$2,97 \cdot 10^6$	0	680	83%
Betweenness	0	132	2,0	0	680	83%
Distanzsumme	0	4	0,6	0	499	61%
Exzentrität	0	6	0,8	0	499	61%
EV-Zentral.	0	1	0,024	0	500	61%
PageRank	$8,15 \cdot 10^4$	$3,04 \cdot 10^2$	$1,22 \cdot 10^3$	$8,15 \cdot 10^4$	0	0%
Authority	0	$2,71 \cdot 10^2$	$1,22 \cdot 10^3$	0	500	61%
Hub	0	$1,48 \cdot 10^2$	$1,22 \cdot 10^3$	0	499	61%
Anzahl Autoren	1	10	3	2	0	0%

Tabelle A.3.: Statistische Werte (GD). $n = 821$

Maß	Min	Max	Mittelwert	Median	Anzahl 0	Prozent 0
Grad	0	83	5	3	680	15%
Eingangsgrad	0	83	2	1	1.957	41%
Ausgangsgrad	0	30	2	2	1.271	26%
norm. Between.	0	0,061	$8,01 \cdot 10^4$	0	2.624	54%
Betweenness	0	40,907	538	0	2.624	54%
Distanzsumme	0	10	3	3	1.271	26%
Exzentrität	0	21	7	5	1.271	26%
EV-Zentral.	0	1	0,021	0	1.957	41%
PageRank	$7,32 \cdot 10^5$	$1,16 \cdot 10^2$	$2,07 \cdot 10^4$	$9,37 \cdot 10^5$	0	0%
Authority	0	$5,93 \cdot 10^3$	$2,07 \cdot 10^4$	$1,41 \cdot 10^4$	1.957	41%
Hub	0	$4,79 \cdot 10^3$	$2,07 \cdot 10^4$	$9,58 \cdot 10^5$	1.271	26%
Anzahl Autoren	1	11	2	2	0	0%

Tabelle A.4.: Statistische Werte (STOC+SODA). $n = 4.821$

A.2.2. Korrelationen

Die Korrelationen wurden mit Hilfe der Funktion

$$= KORREL$$

aus dem Programm Excel 2010 berechnet[1].

Maß	Korrelation mit dem Eingangsgrad
Betweenness	0,31
Distanzsumme	0,02
Exzentrität	0,01
Eigenvektor-Zentralität	0,85
PageRank	0,85
Authority	0,99

Tabelle A.5.: Korrelationen zwischen dem Eingangsgrad von Papern und anderen Maßen (GD).

[1]http://office.microsoft.com/de-ch/excel-help/korrel-funktion-HP010342332.aspx

37

Maß	Korrelation mit dem Eingangsgrad
Betweenness	0,49
Distanzsumme	0,10
Exzentrität	0,11
Eigenvektor-Zentralität	0,83
PageRank	0,74
Authority	1,00

Tabelle A.6.: Korrelationen zwischen dem Eingangsgrad von Papern und anderen Maßen (STOC+SODA).

A.2.3. Erklärung zur Kantenrichtung

Die Abbildung A.1a zeigt einen Ausschnitt aus einem Graph, wie er durch unsere Software erzeugt wird. In Abbildung A.1b verdeutlichen eingefügte Pfeilspitzen, was mit *"Kantenrichtung im Uhrzeigersinn"* gemeint ist.

(a) original

(b) mit Pfeilspitzen

Abbildung A.1.: Erklärung zur Kantenrichtung.